Vente du Mardi 10 Décembre 1912

HOTEL DROUOT — SALLE N° 10

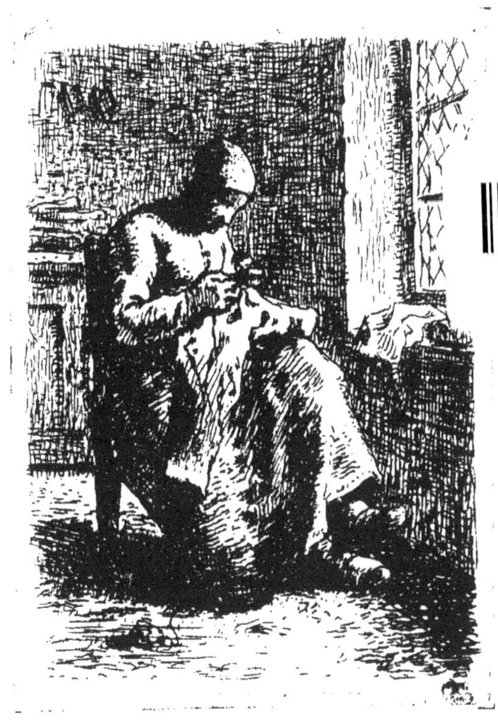

N° 135 du Catalogue.

ESTAMPES MODERNES

ESTAMPES RELATIVES A LA RÉVOLUTION

Mᵉ ANDRÉ DESVOUGES.   M. LOYS DELTEIL

FRAZIER-SOYE

GRAVEUR-IMPRIMEUR

153-155-157, Rue Montmartre

PARIS

CATALOGUE

DES

ESTAMPES

MODERNES

ŒUVRES

DE

BRACQUEMOND, COROT, DAUBIGNY, DAUMIER, DEGAS
FORAIN, GAUGAIN, GOYA, JACQUF
JONGKIND, LAUTREC, LEPÈRE, MANET, MILLET
PRUDHON, RAFFET, ROPS, THAULOW
WHISTLER, ZORN, etc.

ESTAMPES RELATIVES A LA RÉVOLUTION

Dont la la vente aura lieu

à Paris, HOTEL DROUOT, Salle Nº 10

Le Mardi 10 Décembre 1912

à 2 heures précises

Par le Ministère de Mᵉ ANDRÉ DESVOUGES,

COMMISSAIRE-PRISEUR

26, Rue de la Grange-Batelière

Assisté de M. LOYS DELTEIL, Graveur et Expert

2, Rue des Beaux-Arts

CONDITIONS DE LA VENTE

Elle sera faite au comptant.

Les adjudicataires paieront *dix pour cent* en sus des enchères.

M. Loys Delteil remplira les commissions que voudront bien lui confier les amateurs ne pouvant y assister.

MM. les Amateurs pourront visiter la collection, 2, *rue des Beaux-Arts*, du Mardi 3 au Lundi 9 Décembre 1912, de 2 heures à 5 heures (*le Dimanche excepté*).

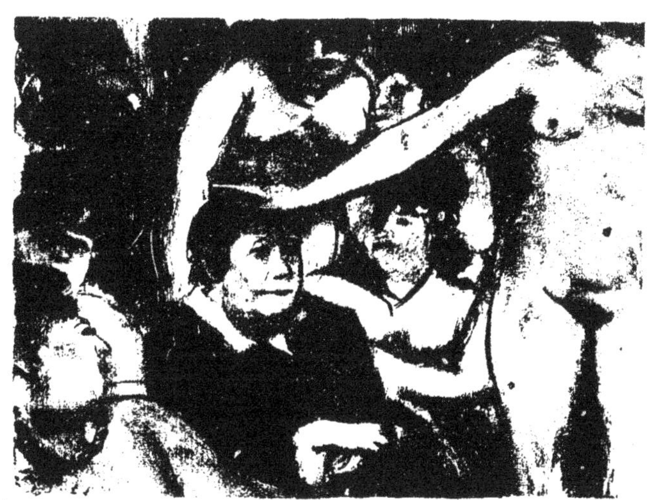

N° 42 du Catalogue.

DÉSIGNATION

BONINGTON (R. P.)

1. Rue du Gros Horloge, Rouen. Très belle
   épreuve sur chine.

2. Tour du Gros Horloge, Evreux. Très belle
   épreuve sur chine.

BRACQUEMOND (Félix)

3. Erasme, d'après Holbein (39). Superbe et rare
   épreuve *avant toute lettre*.

4. Terrasse de la ville Brancas — Fernand, acteur de Montparnasse — Portraits et vignettes diverses, documents, 22 pièces (y compris un dessin).

BUHOT (Félix)

5. L'Hiver à Paris (B. 127). Très belle épreuve, *timbrée.*

CARPEAUX (J. B.)

6. M. Divuy (Loys Delteil 3). Très belle épreuve.

7. J. E. Marcellin, sculpteur (11). Très belle épreuve sur japon.

CARRIERE (Eugène)

8. Jean Dolent. Très belle épreuve, sur chine, *signée* de Carrière et de Dolent.

9. Hommage à Tolstoï. Très belle épreuve sur chine volant.

CHAHINE (E.)

10. Ghemna au turban et à l'aigrette — Femme au turban. Deux pièces. Très belles épreuves, *signées.*

CHARLET — GAVARNI — VERNET, etc.

11. Sujets divers. Trente-sept pièces.

COROT (J. B. C.)

12. Ville d'Avray (L. D. 3). Très belle épreuve du 2ᵉ état (sur 3) sur chine.

13. Le Bain du Berger (36). Très belle épreuve.

COTTET (Charles)

14. Marine, effet de lune. Très belle épreuve, tirée en bleu, *signée.*

DAUBIGNY (C. F.)

15. Le Petit Parc à moutons (48). Très belle épreuve.
    Rare.

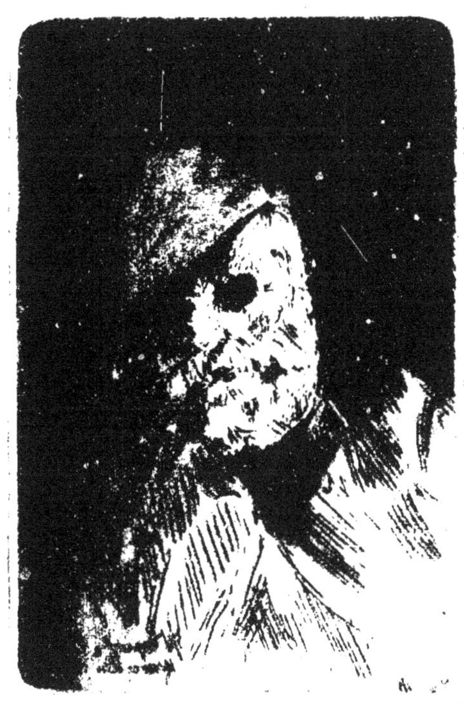

N° 7 du Catalogue.

16. Lever de lune dans la vallée d'Andilly (47) — Les
    Bords du Cousin (63) — Lever de lune (89). Trois
    pièces. Belles épreuves.

17. L'Arbre aux corbeaux (110). Très belle épreuve.

DAUMIER (Honoré)

18. *Très humbles....* (248) — Le Cauchemar (249) — His !... (252) — Philippe, mon père... (262) — Magot de la Chine (268) — La jument du prince... (273) — Le Moulin du Télégraphe (276) — Quelle sale représentation... (303). Huit pl. Très belles épreuves sur chine (sauf une).

19. Masques de 1831 (250) — Ou allons nous... (274). Deux pièces. Très belles épreuves sur chine.

20. Le Charenton ministériel (251) — La Cour du roi Petaud (253). Deux pièces. Très belles épreuves, *coloriées* (pli).

21. Le Charenton Ministériel (251) — La Cour du Roi Petaud (253) — Cortège du commandant Général des Apothicaires (256). Trois pl. *coloriées* (plis).

22. 1830 et 1833 — Le passé, le présent, l'avenir (257-261). Deux pièces. Très belles épreuves sur chine.

23. Sire ! Lisbonne est prise (258). Superbe épreuve sur chine.

24. Yeux noirs, front haut.... (264) — Les Honneurs du Panthéon (277) — La tête branlante (275). Trois pièces. Très belles épreuves sur chine.

25. Récompense honnête aux électeurs obéissans (265). Très belle épreuve sur chine.

26. Gros Cupide, va ! (266). Très belle épreuve du 1er état.

27. Voyage à travers les populations empressées (267). Très belle épreuve.

28. Repos de la France (269). Très belle épreuve (légères piqûres).

29. Et pourtant elle marche (278). Belle épreuve.

30. Voyage à travers les populations empressées —
Petits ! petits !... (267-282). Deux pièces. Très
belles épreuves sur chine.

31. Le Ventre législatif (306). Belle épreuve (a été
pliée).

2. Très hauts et très puissants moutards (307). Belle
épreuve (plis et petite cassure).

33. Enfoncé La Fayette !... (309). Très belle épreuve
sur chine.

34. L'Ivrogne (532). Belle épreuve (texte au verso).

35. Les Baigneuses, pl. 11 — Beaux jours de la vie,
pl. 88 — Vulgarités, pl. 2, etc. Huit pièces.

36. Caricaturana (Robert Macaire), 12 pl. *coloriées*.

37. Caricatures politiques et Scènes de mœurs, 14 pl.

38. Bustes de la Caricature : d'Argout — Ch. de La-
meth — Dupin — Soult. Quatre pièces. Très
belles épreuves sur chine (piqûres à une pl.)

39. Un lot de documents sur Daumier.

40. L'Amateur d'estampes, par A. Prunaire. Très belle
épreuve sur japon, *signée* (n° 9).

DAUMIER — DECAMPS — GIGOUX

41. Ah ! tu veux te frotter à la presse — Le Maréchal
Mortier.... — Le Chenil — A. et T. Johannot —
Barye. Cinq pièces. Belles épreuves (deux sur
chine).

DEGAS (Edgar)

42. Salon de maison close. Monotype, *signé*.

DELACROIX (Eug.)

43. Macbeth et les Sorcières (40). Très belle épreuve,
avec l'adr. d'Engelman.

DESBOUTIN (M.)

44. Desboutin, par lui-même, de 3/4 à gauche, coiffé d'un feutre. Grand in-fol. *signé*.

DEVÉRIA (A.)

45. Le Langage des Fleurs, 7 pl. Belles épreuves.

46. Contes de La Fontaine, 21 pl. Belles épreuves.

EAUX-FORTES et LITHOGRAPHIES

47. Sujets divers et Paysages, 26 pl. par Daubigny, Bonvin, Goeneutte, Vierge, etc.

48. Sujets divers et Paysages, 33 pl. par Rops, Lepère, Lunois, Chahine.

49. Sujets divers, paysages, animaux, 39 pl. par S¹-Marcel, Prudhon, Raffet, Luce, Tissot, etc.

FANTIN - LATOUR (H.)

50. Edwin Edwards (H. 102). Très belle épreuve sur Japon.

51. Vénus et l'Amour, petite pl. (101). Superbe épreuve, *signée*.

52. Vénus Anadyomène (144). Superbe et fort rare épreuve du 1ᵉʳ état (tiré à 3 épr.).

FORAIN (J. L.)

53. Le Client est parti (M. G. 43 RRR). Très belle épreuve retouchée par l'artiste.

54. Le Christ dépouillé de ses vêtements (84). Très belle épreuve sur chine, *signée* et *numérotée*.

GAILLARD (C. F.)

55. Le Condottière (15) — La Vierge de J. Bellin (17) — C¹ᵒ de Chambord (30) — C¹ᵉ de Melun (41), etc. 7 pièces. Belles épreuves.

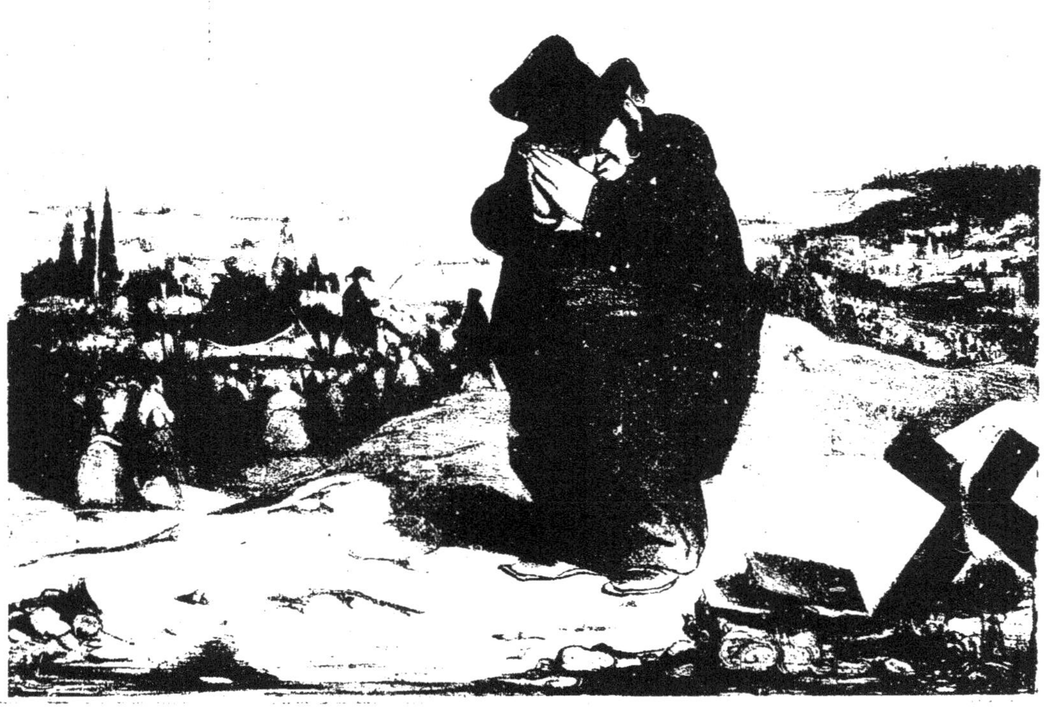

N° 22 du Catalogue.

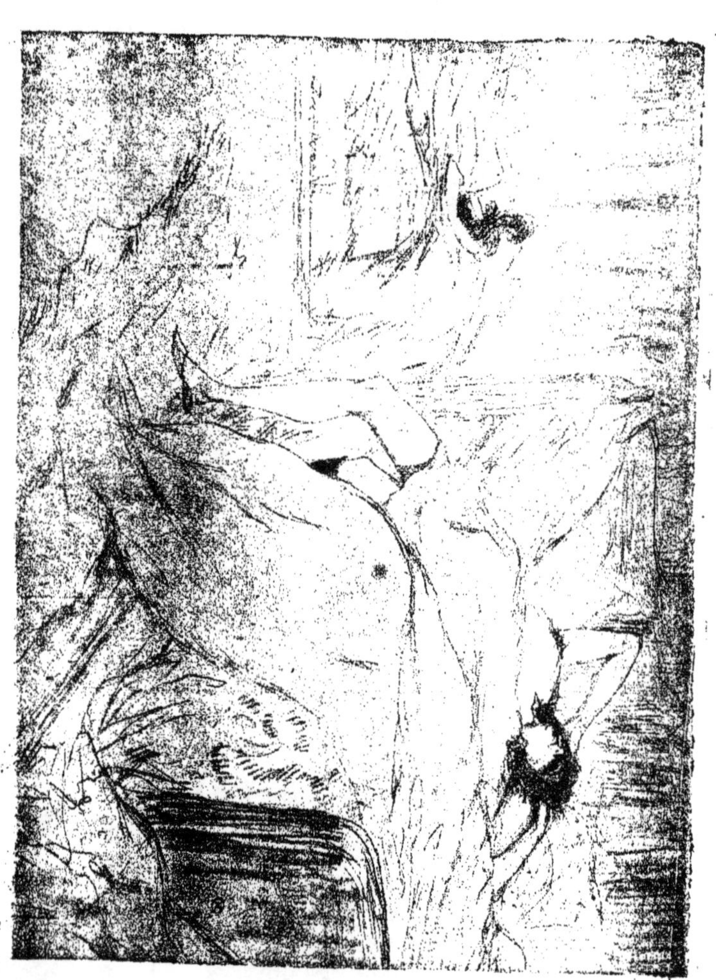

N° 50 du Catalogue.

GAUGAIN (Paul)

56. Stephane Mallarmé, eau-forte. Très belle épreuve
sur japon.

GÉRICAULT (Th.)

57. The Piper (26 R.). Superbe épreuve. Rare.

GIGOUX (J.)

58. Gérard (B^on). Très belle épreuve, *avant la lettre*,
sur chine.

GOYA (F.)

59. *Nadie se conoce — Esto si que es leer*, pl. 6 et 29
des Caprices. Très belles épreuves du 1er tirage.

60. *Le Descañona — Hilan delgado — Donde va
mama*, pl. 35, 44 et 65 des Caprices. Très belles
épreuves du 1er tirage.

61. *Aguarda que te unten — Esta Um^d pues... —
Mnos à otros*, pl. 67, 76 et 77 des Caprices. Trois
pièces. Très belles épreuves du 1er tirage.

62. *Nadie nos ha visto — Ya es hora*, pl. 79 et 80 des
Caprices. Très belles épreuves du 1er tirage.

63. Maures chassant le taureau en pleine campagne.
Très belle épreuve du 1er tirage.

HELLEU (P.)

64. Madeleine Dolley. Très belle épreuve, *imp. en
couleurs, signée*.

65. Liane de Pougy. Très belle épreuve, *imp. en couleurs, signée*.

66. Mme la C^sse de Noailles. Très belle épreuve, *signée*.

HENRIQUEL-DUPONT (L. P.)

67. Carle Vernet, d'après P. Delaroche. Très belle
épreuve, *avant la lettre*.

HERVIER — ANDRIEUX — BODMER

68. Sujets divers, Paysages et Animaux, 25 pièces.

HUET (Paul)

69. Etang près Compiègne (16). Très belle et rare *épreuve d'essai*.

JACQUE (Ch.)

70. Troupeau de porcs fuyant (100). Superbe épreuve d'état, au grand cuivre.

71. Femme donnant à manger à des porcs. Superbe épreuve *d'état*.

72. Scènes rustiques et paysages, 50 pièces.

JONGKIND (J. B.)

73. CAHIER DE SIX EAUX-FORTES. VUES DE HOLLANDE (Loys Delteil 1-7). Suite complète d'un frontispice (en double état, *avant* et avec la lettre) et de six planches, soit huit pièces dans la couverture de publication. Superbes épreuves du 1ᵉʳ état, *avant l'adresse de Delâtre*.

74. Vue de la ville de Maaslins (8). Très belle épreuve du 3ᵉ état (sur 4).

75. Jetée en bois dans le port d'Honfleur (12). Très belle et très rare épreuve du 1ᵉʳ état, *avec* la mention *manuscrite* suivante de Jongkind : *1ʳᵉ Epreuve La Jetée...* 5 Déc. 1865.

76. Vue du port au chemin de fer à Honfleur (13). Très belle épreuve du 1ᵉʳ état.

77. Moulins en Hollande (14). Superbe et très rare épreuve du 1ᵉʳ état, *avec dédicace*.

78. Le Pont sur le canal (17). Superbe épreuve. Rare.

79. Démolition de la rue des Francs-Bourgeois-St Marcel (18). Très belle épreuve du 2ᵉ état, *avant la lettre*.

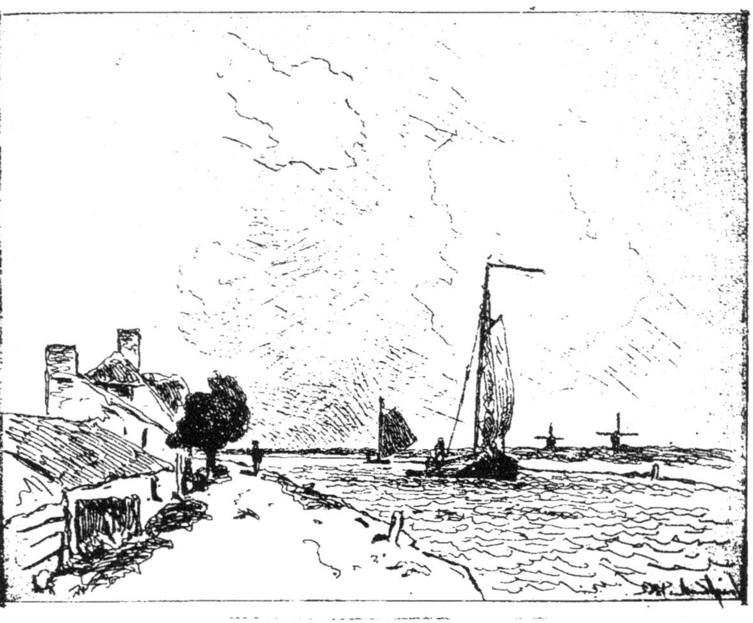

N° 73 du Catalogue.

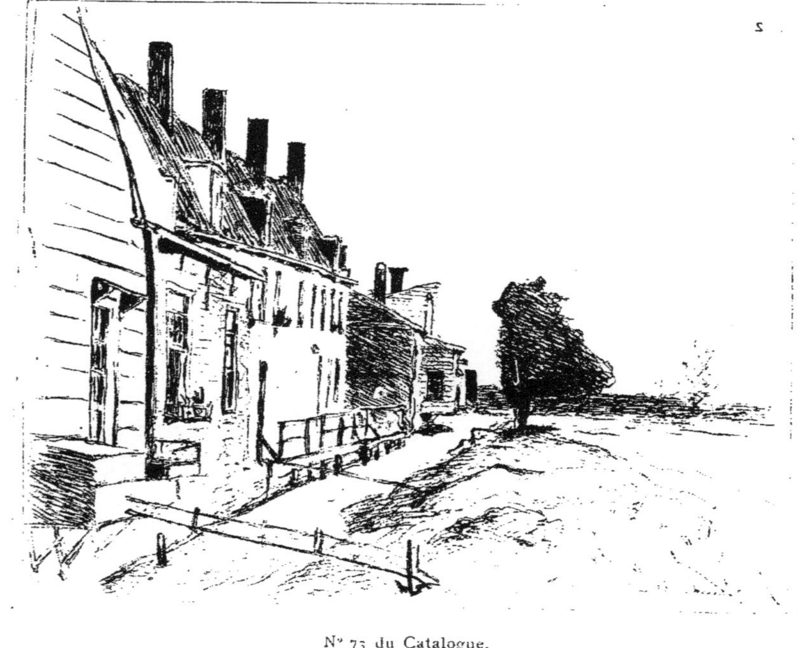

N° 75 du Catalogue.

80. Canal de Hollande, près de Rotterdam (19). Très belle épreuve du 3ᵉ état, *avant la lettre*.

81. Sortie de la maison Cochin (20). Superbe épreuve du 2ᵉ état, *avant la lettre, avec* 2 lignes *manuscrites* et la *signature* de Jongkind, en marge (12 juin 1879).

82. La même estampe. Très belle épreuve du 2ᵉ état, *avant la lettre*.

LABOUREUR (J. E.)

83. Le Paradis terrestre. Très belle épreuve, *signée* (11″ 26).

84. La Toilette. Série de six planches. Superbes épreuves *signées* (²¹ ₃₀).

LAUTREC (H. de Toulouse)

85. La Clownesse assise. Très belle épreuve d'essai, *impr. en couleurs, timbrée*.

86. Lassitude. Très belle épreuve d'essai, *timbrée*.

87. Réveil. Très belle épreuve, *numérotée* et *timbrée*.

88. La Coiffure. Très belle épreuve *d'essai*, tirée en ton brun sur teinte, *timbrée*.

89. La Glace à main. Très belle épreuve *tirée en plusieurs tons*.

90. Au petit lever. Très belle épreuve d'essai *tirée en couleurs, timbrée*.

91. Petit Déjeuner. Très belle épreuve d'essai, *tirée en sanguine, timbrée*.

92. Toilette — Elles, frontispice. Deux pièces. Très belles épreuves, *timbrées*.

93. La Glace à main. Très belle épreuve, *numérotée* et *timbrée*.

94. Promenoir. Belle épreuve sur japon, *timbrée* (n° 84).

95. Au Café. Très belle épreuve, *signée* (n° 4), *timbrée*.

96. Au Théâtre (The Ault Wiborg). Très belle épreuve, *impr. en couleurs*.

97. Est-elle grasse? Très belle épreuve, *avec* la légende, *signée*.

98. L'Hareng saur, chanson. Très belle épreuve du 1er état, *timbrée*.

99. Le Bassoniste, avant l. l., *signé*.

100. Étude de Femme — Sagesse. Deux pièces. Très belles épreuves sur japon, *signées* (n° 3).

101. Le Jockey. Belle épreuve de la planche noire seule.

102. Lender assise. Belle épreuve, légèrement froissée.

103. Le Marchand de marrons. Très belle épreuve, sur chine, *signée*.

104. Poney. Très belle épreuve.

105. Réjane et Galipaux, dans Mme Sans-Gêne. Belle épreuve, *numérotée et timbrée*.

106. Yahne dans sa loge. Très belle épreuve, *timbrée* (n° 17).

107. Yahne et Meyer — La Modiste, menu. Deux pièces.

LÉANDRE (Charles)

108. Femme au singe — Femme au chien. Deux pl., *imp. en couleurs, signées*.

LEGRAND (Louis)

109. L'Hétaïre ou le Vaporisateur. Très belle épreuve, *imp. en couleurs, numérotée*

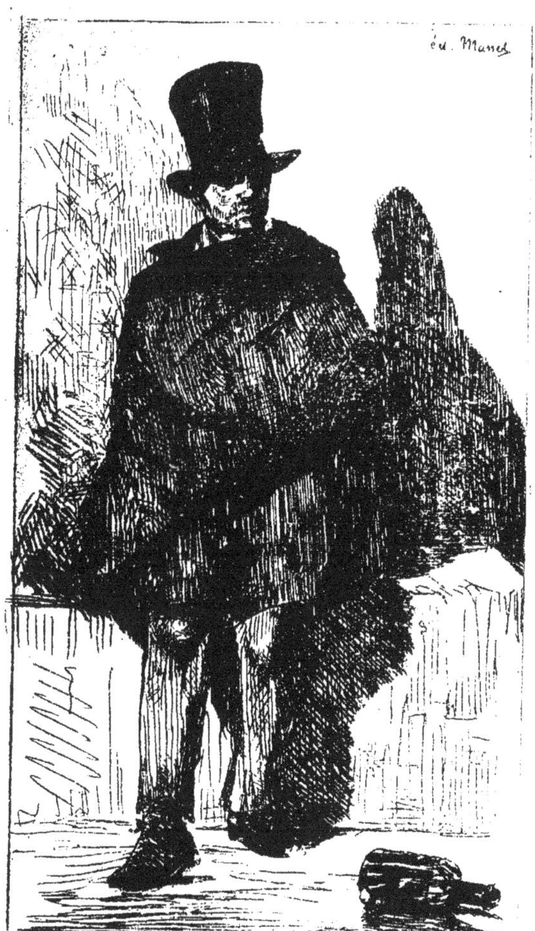

N° 127 du Catalogue.

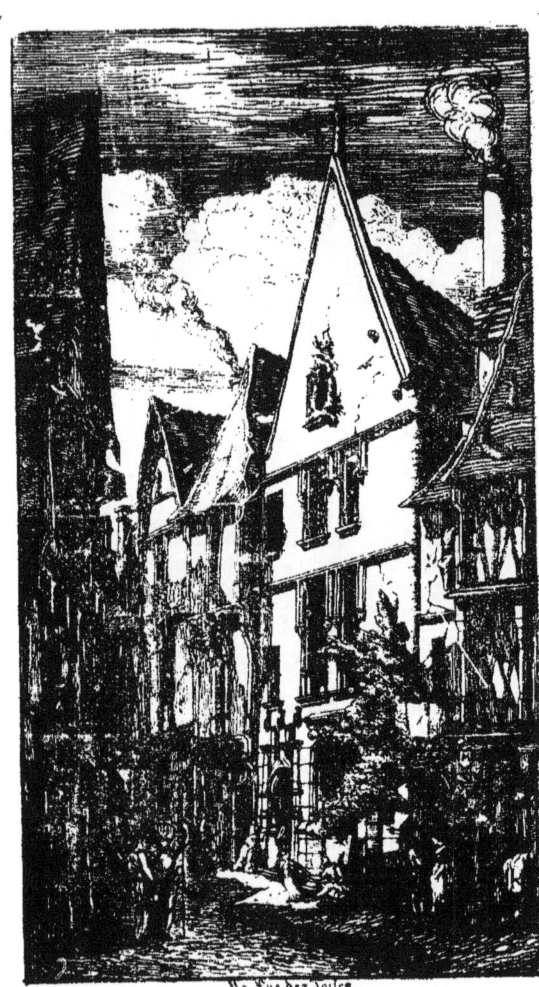

Nº 133 du Catalogue.

110. La Sirène. Très belle épreuve, sur japon, *signée*.

LEGROS (Alph.)

111. La Messe dans une Eglise espagnole (51) — Le
Souper (117). Deux pl. tirées sur la même feuille.

112. Le Lutrin (59). Très belle épreuve, *avant la lettre*.

113. La même estampe. Belle épreuve du 4° état (sur 5).

114. Paysage. Belle épreuve.

115. Le Voyageur surpris par l'orage. Belle épreuve
sur japon.

LEHEUTRE (G.)

116. La Marne à Lagny. Très belle épreuve, *signée*.

LEPÈRE (Auguste)

117. *Nantes en dix-neuf cent.* 55 illustrations d'Aug.
Lepère, préface de Roger Marx — Nantes, Gri-
maud, s. d. — 1 vol. in-4 broch., exempl. n° 75,
avec le nom du souscripteur et signature de
l'éditeur. Un spécimen joint.

118. Quai de l'Hôtel-de-Ville (152). Très belle épreuve
du 2° tirage, *signée*.

119. Rue des Barres (153). Très belle épreuve du 2°
tirage, *signée* et *numérotée*.

120. Le Clovis, plateau de Bellecroix (156). Très belle
épreuve du 2° tirage, *signée*.

121. Le Bas-Bréau (157). Très belle épreuve du 2° tirage,
signée.

122. Roche Cuvier-Châtillon (158). Très belle épreuve
du 2° tirage, *signée*.

123. Le Matin, Carrefour des Forts de Marlotte (199).
Très belle épreuve du 2° tirage, *signée*.

124. Le Bain, été (255). Très belle épreuve du 1er état, tirée en bleu, *signée*.

125. Rue Galande. Très belle épreuve, *au grand cui-vre*, *signée*.

126. Le Quai, au coin de la rue des Bernardins. Très belle épreuve *signée*, (n° 26).

MANET (Edouard)

127. Le Buveur d'Absinthe (M.-N. 8). Très belle épreuve. Rare.

128. Félix Bracquemond (60). Très belle et très rare épreuve du 1er état.

129. Olympia, 2 épr. (97) — Le Chemin de fer, 3 pl. diff. (deux non décrits) (98) — La Parisienne (99), 1er et 2e états, 4 épr. d'impression diff. — Mme de Callias (100), 2 états. Ensemble treize pièces, par Alf. Prunaire. Très belles épreuves.

MANET — LEGROS — FLAMENG

130. Lola de Valence — Le Manège — Le Réfectoire — Ch. Meryon. Quatre pièces. Belles épreuves.

MARLET

131. Pie VII visitant l'Institution des Sourds-Muets — Pie VII visitant l'Institution des Aveugles-nés — Pie VII bénissant les Fidèles au Pavillon de Flore. Trois pièces.

MARVY, VEYRASSAT, HÉDOUIN

132. Paysages divers, 100 pièces.

MERYON (Ch.)

133. La rue des Toiles, à Bourges (L. D. 55). Très belle épreuve sur japon, *avant* l'adresse de Delâtre.

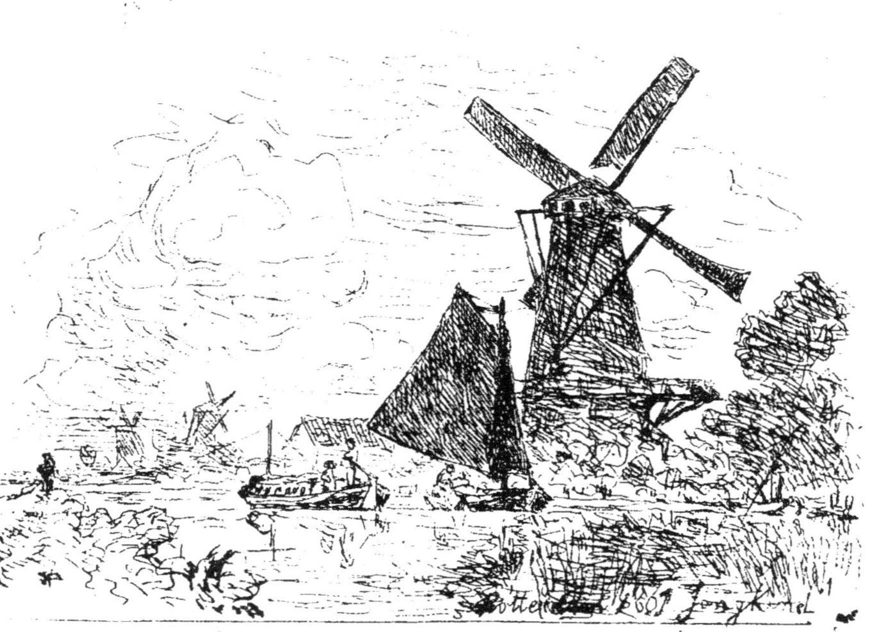

N° 77 du Catalogue.

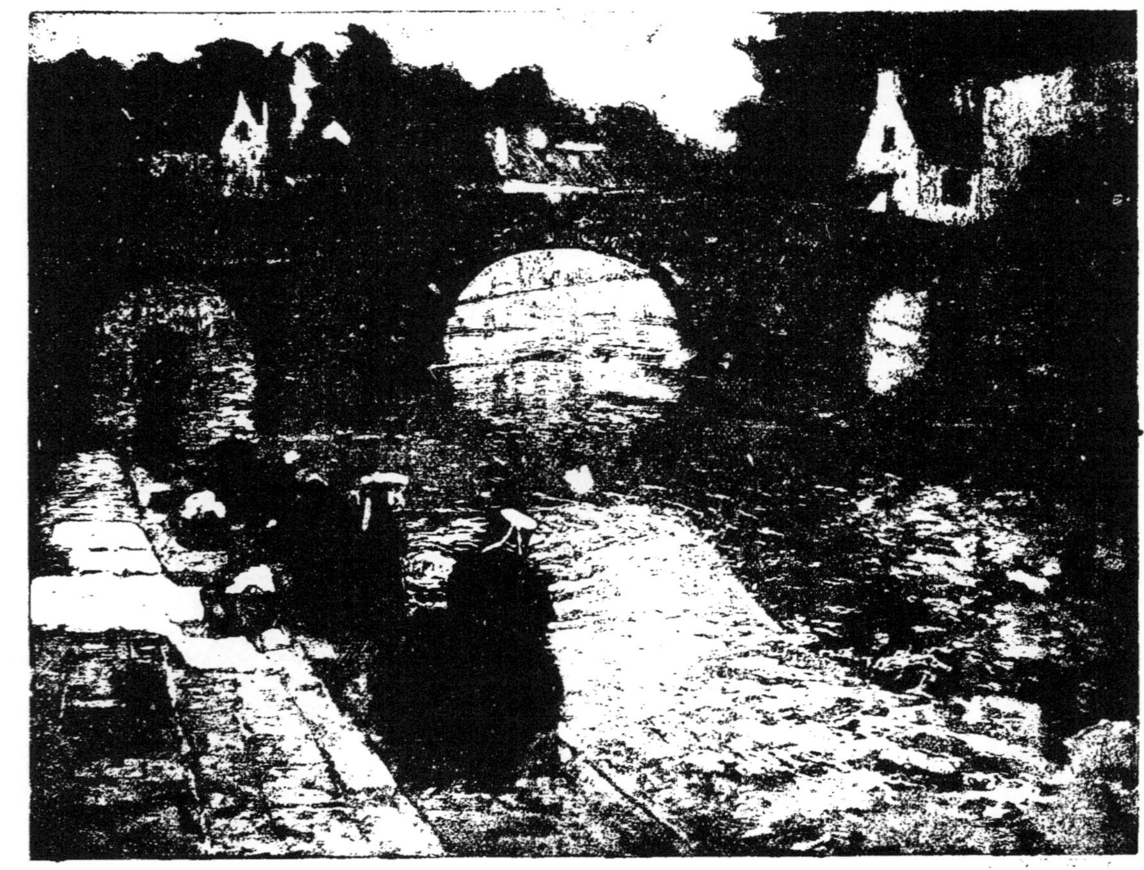

N° 106 du Catalogue

MILLET (J. F.)

134. La Planche aux trois sujets (L.D. 2). Belle épreuve. Rare.

135. La Couseuse (9). Superbe épreuve du 2ᵉ état, sur chine.

136. La Baratteuse (10). Belle épreuve du 2ᵉ état, *avant* l'adresse. Rare.

137. La Bouillie (10). Belle épreuve sur chine.

138. Bêcheur au repos (34). Belle épreuve sur chine.

MILLIÈRE (Maurice)

139. Jeune Femme de face, accoudée. Très belle épreuve. *imp. en couleurs*. Encadrée

140. Jeune Femme au chapeau à aigrette. Très belle épreuve, *imp. en couleurs. signée*. Encadrée.

141. Jeune Femme à mi-jambe. Très belle épreuve, tirée en plusieurs tons, *signée*. Encadrée.

MONNIER (Henry)

142. Récréations, frontipice et 15 pl., *coloriées* (marges inégales).

PAPIER BLANC

143. Lot de 125 feuilles papier blanc, 1742, format 38 × 23.

PISSARRO (Camille)

144. Le Marché. Belle épreuve

PORTRAITS

145. Environ 300 portraits, la plupart modernes.

PRUDHON (P.P.)

146. Enlèvement d'Europe (E. d. G. 1). Belle épreuve du 1ᵉʳ état.

147. Une Lecture (7) *avec* la 1re adresse, sur chine.

148. Phrosine et Mélidore — Naufrage de Virginie —
La Liberté — Vignettes, etc. 10 pl., par Prudhon,
Roger et Copia.

PRUNAIRE (A.)

149. Ragionamenti ou dialogues du divin Aretino, 20
pl., d'ap. Dunki. Runion de 100 épreuves d'essai et
d'épr. définitives, avec deux *croquis originaux*
de Dunki.

RAFFAELLI (J.F.)

150. La Trinité. Très belle épreuve. *imp. en couleurs,
signée* (nᵒ 11).

RAFFET (A.)

151. Boyer (H. G. 16) — Le Blanc (17) — Lebrun (18)
Baraguay d'Hilliers (24) — Cᵈ Bouat (32-33 RR)
— Types militaires (191 et 195). Huit pièces sur
chine.

152. Vive l'Empereur !!! (389) — Conquête de la Hollande (402) — Dernière charge des lanciers
rouges, à Waterloo (388). Trois pièces.

153. Demi-bataillon de gauche (418) — La Veille (419)
— Le Lendemain (420) — Le Camp (424) —
Bonjour mon neveu (426) — Le Guide (428). Six
pièces. Belles épreuves.

154. La Revue nocturne (420). Bonne épreuve sur
chine.

155. Prêts à partir pour la ville éternelle — Catalans
sur la Rambla — Armée autrichienne, etc. Dix
pièces.

REDON (O.) — RODIN (A.) — BRESDIN (R.)

156. Entretien mystique — Allégories — Ames du
purgatoire — Repos en Egypte. Cinq pièces.

ROPS (F.)

157. Aspiration (R. 600 O. M. 916). Superbe épreuve du
1ᵉʳ état.

158. Spéculum (R. 598. O. M. 914). Superbe épreuve.

159. La Clef des Champs — Modernité — Frontispice
pour les Chansons de Collé, etc. Six pièces. Belles
épreuves (la 1ʳᵉ *signée* des initiales).

ROPS (d'après F.)

160. Eritis similis deo, par A. Bertrand. Belle épreuve
d'essai, imp. en couleurs.

161. La Dame au pantin, par A. Bertrand. Belle
épreuve, *imp. en couleurs*, sur japon (n° 2).

RENOIR (A.)

162. Baigneuse. Très belle épreuve.

ROUX (Paul)

163. Siège de Paris, 20 pl., sur chine, en carton.

STORM DE GRAVESANDE (Ch.)

164. Bateaux sur la Meuse, lithographie. Superbe
épreuve.

165. Lever de soleil, lithographie. Superbe épreuve
sur japon, *signée*.

THAULOW (Fritz)

166. Les Laveuses de Quimperlé. Superbe épreuve,
imp. en couleurs, signée et *numérotée*.

167. L'Escalier de marbre. Superbe épreuve, *imp. en
couleurs, signée* et *numérotée*.

168. La Rivière. Très belle épreuve, *imp. en couleurs,
signée*. Encadrée.

TISSOT (J.)

169. Le Chapeau Rubens (H. B. 2) — Le Crocket (29)
— L'Eté (35) — Le Hamac (37). Quatre pièces.
Très belles épreuves, une *signée*.

170. Le Portique de la National Gallery (32) — Sur
l'Herbe (41) — En plein soleil (45) — Soirée d'Eté
(47). Quatre pièces. Très belles épreuves (deux
signées).

171. L'Auberge des trois Corbeaux (22), 59 épr. de
deux états différents.

172. Trafalgar Tavern, Greenwich (28). Soixante très
belles épreuves de deux états différents.

173. Le Banc de Jardin (66). Vingt-quatre très belles
épreuves sur chine.

174. Le petit Nemrod (74). Vingt-six très belles
épreuves sur chine.

VIBERT (P. E.)

175. La Maison en démence — Le Soir — Chaumière
— Auberge de campagne — Rodin — Bords de
Bièvre — La Ronde — Verlaine. Neuf pl. Très
belles épreuves, *signées* (plusieurs tirées en
camaïeux).

176. Portraits divers — Ex-libris Raisin, 2 états —
Sujets divers et Paysages, 25 pl., une partie en
épreuve d'essai (plusieurs tirées en camaïeux).

WHISTLER (J. M. N.)

177. The Dog on the Kennel (K18). Très belle épreuve.

178. Mallarmé (Stephan) (lithographie). Belle épreuve
sur chine.

179. Conversation. Très belle épreuve sur japon (n° 1).

180. La Forge, lithographie. Belle épreuve.

181. Gants de Suède. Belle épreuve.

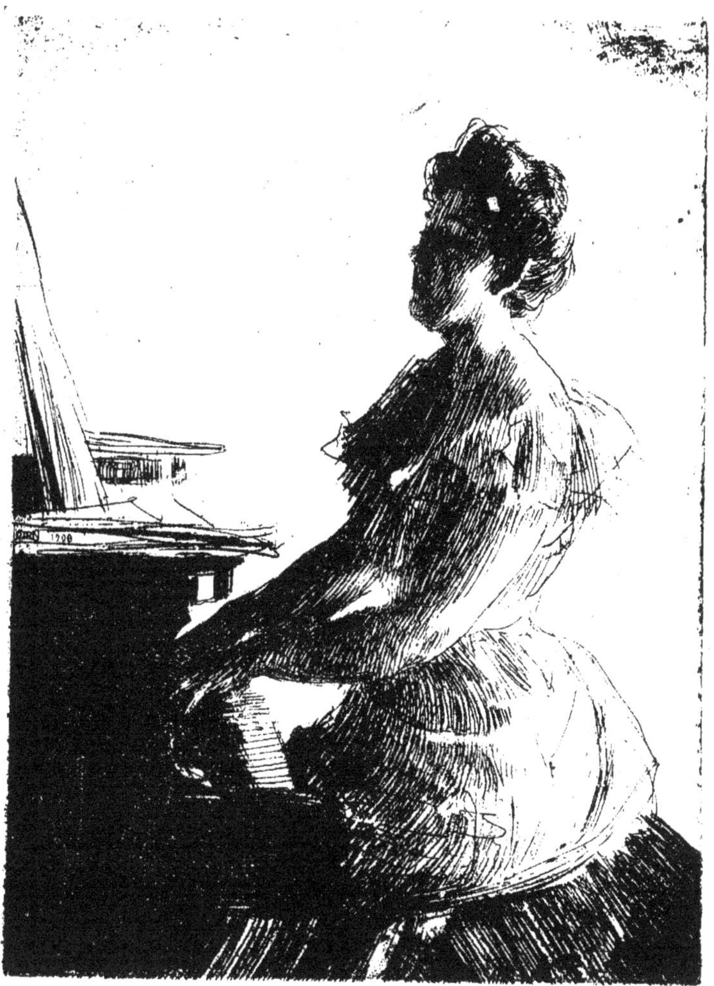

Nº 184 du Catalogue.

ZORN (Anders)

182. Mme Simon, 2ᵉ planche (L. D. 66). Belle épreuve.

183. Joueuse de guitare (155). Superbe épreuve, *signée*. Collection Gerbeau.

184. Au Piano (Miss Anna Burnett) (159). Superbe épreuve, *signée*.

185. Les deux Modèles près du lit (174). Très belle épreuve.

ESTAMPES RELATIVES

A LA

RÉVOLUTION

Les N⁰ˢ 186 à 211 sont encadrés.

186. Les Etrennes patriotiques offertes au Roi au nouvel an 1790. *Colorié*.

187. M. de La Fayette commandant de la Garde Nationale Parisienne. *Colorié*.

188. Les visite du jour de l'ans au roi avec le quart de leur revenue. *Colorié*.

189. Le jeune patriote. *Colorié*.

190. La loi des élections est accouchée heureusement d'un enfant... — La Génisse, La Chèvre et la Brebis... — Promenade militaire — Grand deuil. 4 lithographies — Le Concert. Ensemble 5 pièces *coloriées*.

191. Les Dames de la Halle de Paris vont complimenter la Reine aux Tuileries — Il a tout perdu... — Sans vous je périssait — Le chasseur pigmée de Wormes..... — Avant-garde des femmes allant à Versailles — La grande Colère de Capet l'aîné — 6 pièces, *coloriées*.

192. Le Déménagement du Clergé — Le Ventillateur
— Hé ! prenez toujours M^r le Curé... — L'Abbé
Sang-suré — L'Abbé Bebit fait Restitution —
Eh ! l'Abbé, prend garde à la Lanterne.... —
6 pièces relatives au clergé, *coloriées*.

193. Justice rendue au courage — Constitution d'An-
gleterre — Le Français d'aujourd'hui, **2** p. — Le
Français d'autrefois, le Français d'aujourd'hui —
Un seul fait les trois. 6 pièces *coloriées*.

194. Frapez, frapez, ne craignez rien, vengez votre
mère — Le cardinal de Lorraine bénissant les
assassins de la St Barthelemy — Le Coup de filet
Le jeu de la climusette — Lancée et Vomissé
St Père.... — L'enrolement des trois religieux
— 6 pièces relatives au clergé, *coloriées*.

195. Les Trois ordres réunis — Vœux du Tiers-Etat —
Ménagerie nationale — Le temps passé.... —
Vous êtes razé Monsieur l'Abbé — C'est semés
des perles devant les pourceaus — 6 pièces relatives aux trois ordres, *coloriées*.

196. L'Abolition des titres de noblesse — Halte-la...
— La romaine aristocratique — Déguisement
aristocrate — Les derniers hoquets de l'aristocratie — L'assemblée des aristocrates — 6 pièces
relatives à la noblesse, *coloriées*.

197. Oui... vous ete nos amie.... — Un barbier rase
l'autre — Le tems passé n'est plus — On dit —
Ah ! vive la Liberté — Quel malheur plus d'indi-
gestion. — 6 pièces *coloriées*.

198. Le Pape mangeant... — Au Gagne-Petit — Courage, frère Blaise — Le dentiste patriote — Qui
vive.... — L'abbé d'aujourd'hui, l'abbé d'autrefois — 6 pièces relatives au clergé, *coloriées*.

199. Dédié aux généraux... — Chasse patriotique à la grosse bête — Jesus-Christ sur la montagne — Sur les frontières de Luxembourg — Affreuse vengeance d'un particulier de Senlis... — Prise de la Bastille — 6 pièces *coloriées*.

200. Mirabeau, Voltaire — M' Mirabeau prêt à partir pour Aix-la-Chapelle — Marie François Arrouet de Voltaire — Lettre du traître Bouillé.... — Despremesnil dans son élément — Portrait de M' le Marquis de Favras — 6 pièces *coloriées*.

201. Arlequin général d'Armée — Le vât'en voir du petit Condé — La Bénédiction des armes — Aide de Camp porteur des nouvelles de Varennes au petit Condé. — Journée mémorable de Versailles — Confédération Nationale au Champ de Mars le 14 Juillet 1790 — 6 pièces *coloriées*.

202. Le 13 avril 1790.... — Ah! Dieu le vent m'emporte — Trois têtes sous l'même bonnet — Je vous l'avais bien dit... — Le noble pas de deux — Le pied de nez — 6 pièces *coloriées*.

203. Louis XVI roi d'un peuple libre — Le masque levé — Froc pour troc... — Le grand pas de fait,.. — Monsieur Veto — Il faut en goûter. 6 pièces *coloriées* relatives au roi et au droit de Veto.

204. Consultation de la Faculté sur la maladie... — Danse aristocrate — L'Egalité de la nature dans les trois ordres... — Les Gros ont toujours mangé les Petits... — Citoyen actif, citoyen passif — Monsieur des trois États — 6 pièces relatives à la noblesse, *coloriées*.

205. L'Ecclésiastique réfractaire — Rosine, Rosine!... — Heum! si je l'avais prévu — La coupe des bois — L'Erreur et la folie.... — Le Tiers-Etat mariant les religieux avec les religieuses. 6 pièces relatives au clergé, *coloriées*.

206. Pas plus loin, Messieurs.... — Brise Moustache
colonel général des Grenadiers bénédictins —
Fort, fort, c'est un aristocrate — Brise Fer capi-
taine colonel des Cordeliers — Voila ou nous
réduit l'Aristocratie — Départ des apothicaires
patriotiques.... 6 pièces *coloriées*.

207. Une grande partie du peuple.... — L'Abbé reve-
nant du pays des lanternes — Le Père nicieux
Jacobin — Grognard dit le Sanguinaire — Je
viens des Jacobins — Jadis je fut un bon gros
moine — 6 pièces *coloriées*.

108. La liberté montrant aux autres nations.... — Maury
l'avocat des aristocrates — Encore eut il mieux
valu plier que rompre — M Bailly, maire de
Paris, présentant au roi les clefs de la ville.... —
Les Efforts patriotiques — L'Optique Naturelle
et Artificielle... — 6 pièces *coloriées*.

209. Oh! oh' Oh! Mon cousin comme diable vous
voila... — J'savois ben qu'aujrions not tour 2 p.
— J'suis du Tiers-etat — Les Moines apprenant
à faire l'Exercice — Le Paysan goguenard —
6 pièces *coloriées*.

210. De la Milice... — Des capitaineries et gardes-
chasses... — De la visite des commis de barrière,
Delivrez Nous Seigneur — C'est ainsi que l'on
punit les traîtres — Quand cera la Poule au Pot
— Ils comptoient sur la peau de l'Ours —
6 pièces *coloriées*.

MODES ET COSTUMES

211. Chapeau de paille. Robe de Mousseline sur un
Transparent, par Gatine, d'après H. Vernet. Très
belle épreuve *coloriée*.

FRAZIER-SOYE

GRAVEUR-IMPRIMEUR

153-155-157, Rue Montmartre

PARIS

www.ingramcontent.com/pod-product-compliance
Ingram Content Group UK Ltd.
Pitfield, Milton Keynes, MK11 3LW, UK
UKHW031727170726
13836UKWH00001B/482